Пустыни

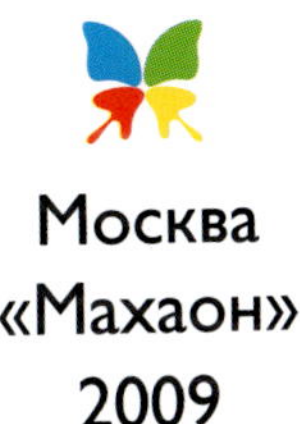

Москва
«Махаон»
2009

Содержание

Пустыни – это засушливые области, в которых почти не бывает дождей. Днём там нещадно палит солнце, а к вечеру раскалённый песок остывает – и становится прохладно.

Сахара

В Северной Африке расположена самая большая пустыня в мире. Она называется Сахара.

Ещё в глубокой древности люди научились спасаться от нестерпимого зноя и песчаной пыли, мешающей свободно дышать. Жители пустынь укутывают голову и лицо плотными накидками.

Барханы

Ветер гонит песок по пустыне, наметая песчаные холмы – барханы. Почему в пустыне так много песка? Жаркое солнце и сильный ветер разрушают скалы и камни, постепенно превращая их в песчинки.

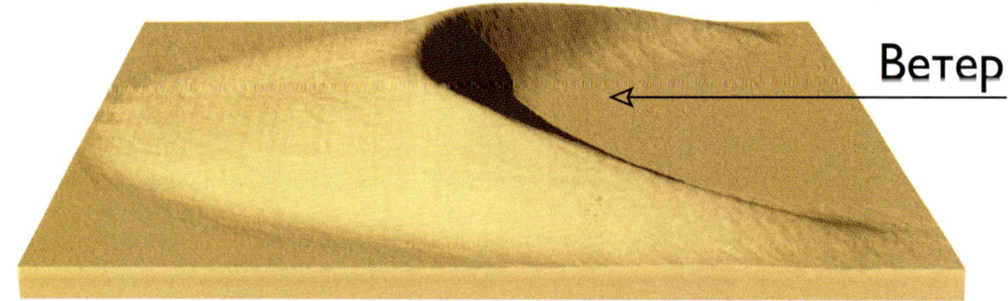

Ветер гонит песок.

Барханы находятся в постоянном движении. Песчаное «море» причудливо меняет свои очертания.

Верблюды

Верблюды – удивительные животные. Благодаря запасам жира в горбах они могут долгое время обходиться без пищи и воды.

Горб верблюда в разрезе

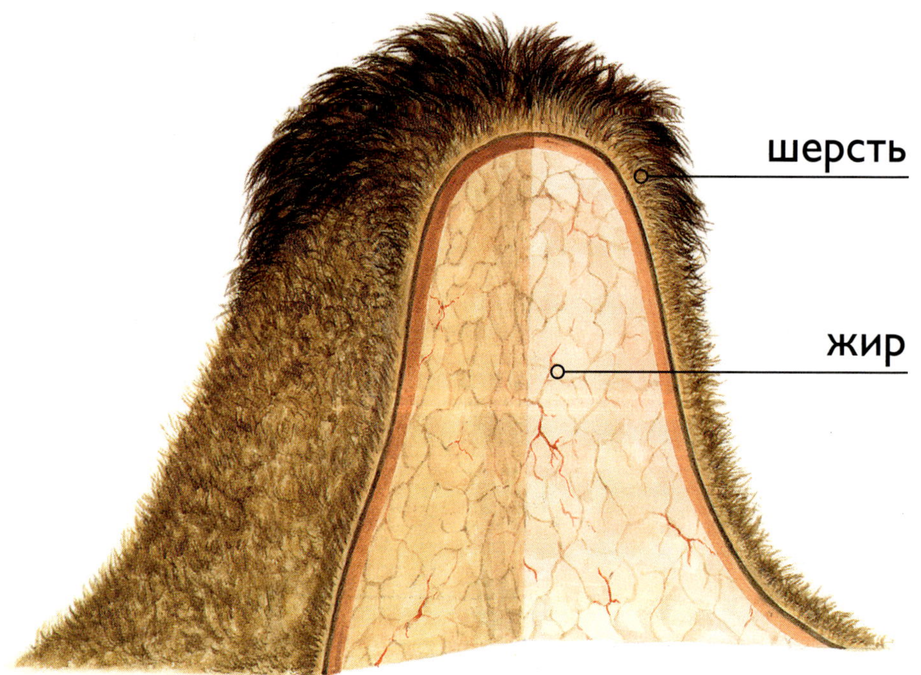

Верблюд легко передвигается по раскалённой пустыне. Мозолистые подушечки на подошвах ног не дают ему обжечься, а широкие раздвоенные копыта не тонут в сыпучем песке.

Верблюд

Караваны

Для жителей пустыни верблюд – незаменимое средство передвижения. Неутомимые животные, гружённые запасами продовольствия и различными товарами, могут пересечь даже самую большую пустыню.

Древний **караван** идёт по монгольской пустыне Гоби.

Жизнь в барханах

Климат в пустынях крайне неблагоприятен для жизни, однако безжизненными их никак не назовёшь. Вот роющая оса напала на паука, живущего в африканской пустыне Намиб.

Пауку удалось вырваться из крепких челюстей осы.

Оса пытается вытащить песчаного паука из его норки.

Сонора

В пустыне Сонора, расположенной на юго-западе США, не так сухо, как в Сахаре. Здесь можно встретить невысокие деревья и кустарники.

Эта каменистая пустыня окружена горами с плоскими, будто срезанными, вершинами. Такие участки называются горными плато́.

Кактус

Этот кактус похож на канделябр – огромный подсвечник. В мае–июне на кактусе распускаются белые цветы, привлекающие множество насекомых.

Гигантский цереус – самое крупное растение пустыни Сонора.

Чтобы драгоценная влага не так быстро испарялась, листочки у кактуса превратились в иголки.

Птицы

Обитающие в пустыне птицы привычны к отсутствию воды. Многие из них живут и находят корм возле кактусов. Дятел устраивает дупло в стволе гигантского цереуса. За толстыми «стенами» птенцам совсем не жарко. Кукушки-подорожники ловят под кактусом насекомых и ящериц.

Шлемоносный перепел собирает осыпавшиеся семена трав.

Шлемоносный перепел

Кактусовый
крапивник
Сыч-эльф
Кактусовый
дятел
Кукушка-
подорожник

Змеи

Пустынные змеи овладели особым способом передвижения – боковым ходом. Извиваясь, они резко перебрасывают своё тело вперёд и вбок. Это позволяет им меньше прикасаться к раскалённому песку.

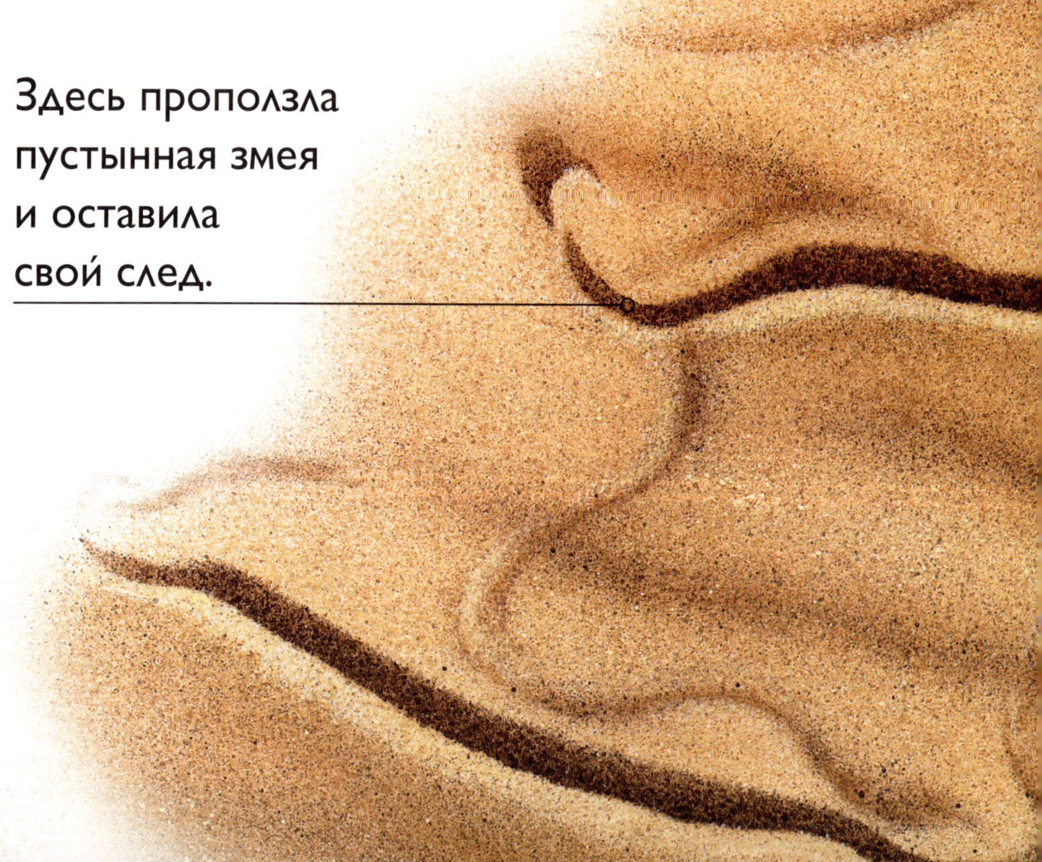

Здесь проползла пустынная змея и оставила свой след.

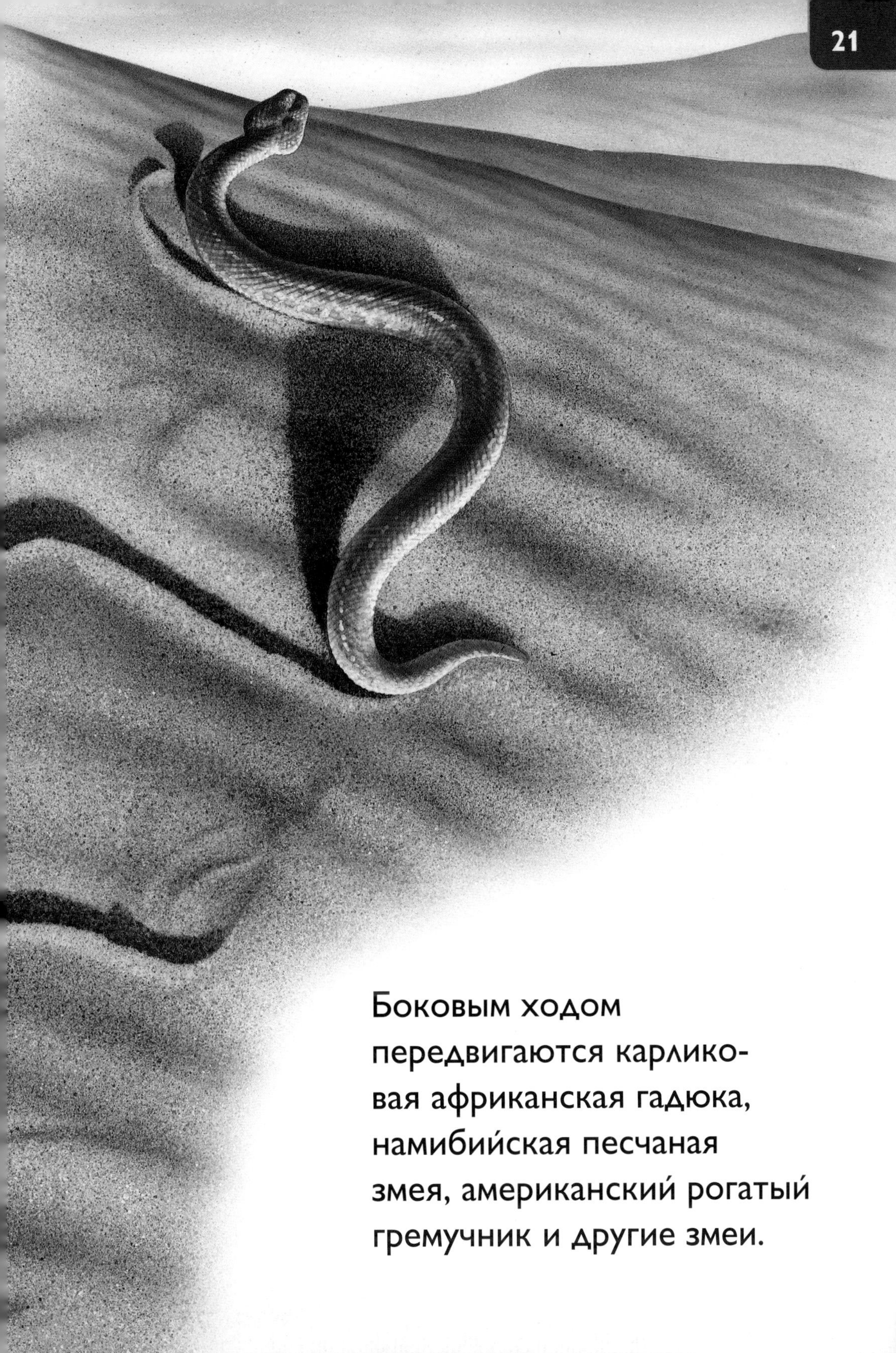

Боковым ходом передвигаются карликовая африканская гадюка, намибийская песчаная змея, американский рогатый гремучник и другие змеи.

Баобабы

Диаметр ствола этого дерева иногда достигает 10 метров. Рыхлая древесина быстро загнивает, образуя огромные пустоты, заполненные водой. К дуплистым баобабам приходят на водопой африканские слоны.

Сочной мякотью плодов баобаба любят лакомиться мартышки.

Родина баобабов – африканская **саванна**. В недавнем прошлом эти растения завезли также на **Мадагаскар** и в Австралию.

«Джунгли» в пустыне

В пустынях Австралии водятся насекомые, птицы, ящерицы и мелкие **грызуны**. Отыщи этих животных на рисунке и попробуй запомнить их названия.

Подсказка

- Сумчатая мышь
- Леопардовый эублефар
- Красногрудая чекановая трясогузка
- Одноцветный сцинк
- Безногая ящерица
- Таракан

Как спастись от жары?

Обитатели пустынь хорошо приспособлены к жаркому климату.

Песчанки не пьют воду. Всю необходимую влагу они получают из сочного растительного корма.

Калифорнийского зайца спасают от жары длинные уши.

Леопардовый эублефар выходит на охоту только ночью, когда спадает жара.

Черепаха-гофер прячется от зноя в глубокой норе.

Ящерицы зарываются в песок.

Пирамиды

Древние египтяне возводили для своих царей – фараонов – гигантские каменные **гробницы** – пирамиды. Некоторые из них сохранились до наших дней.

На плато Гиза, недалеко от города Каира, можно увидеть три самые большие пирамиды. Они были построены для Хеопса, Хефрена и Микерина.

Подумай!

Что изображено на рисунках?

Гигантский цереус

Песчанка

Плод баобаба

Песчаный паук

Словарик

Гробница – сооружение-памятник, в котором хоронят тело умéршего.

Грызуны – млекопитающие с острыми, постоянно растущими резцами. К мелким грызунам относятся мыши, крысы, лемминги, хомяки, полёвки, песчанки.

Караван – ряд вьючных животных, перевозящих грузы и людей по степям и пустыням.

Климат – погода, характерная для данной местности.

Мадагаскар – остров в Индийском океане, вблизи от восточного побережья Африки.

Саванна – так в Африке называют равнину с одиночными деревьями и редкими кустарниковыми зарослями.

УДК 372.416.2
ББК 74.200.585.00
П89

Для младшего школьного возраста

ПУСТЫНИ

Автор Дениз Райан

DESERTS

Conceived and produced by Weldon Owen Pty Ltd
61 Victoria Street, McMahons Point
Sydney, NSW 2060, Australia

Перевод с английского *М. О. Торчинской*
Главный редактор *А. А. Туров*
Научный редактор *А. В. Тихонов*
Редактор серии *О. А. Самусенко*
Технический редактор *Т. Ю. Андреева*
Компьютерная вёрстка *О. В. Краюшкина*
Корректор *Н. М. Соколова*

ISBN 978-5-389-00309-5 (русск.)
ISBN 978-1-74089-695-5 (авс.)

ООО «Издательская Группа Аттикус» —
обладатель товарного знака Machaon
119991, Москва, 5-й Донской проезд, д. 15, стр. 4
Тел. (495) 933-7600, факс (495) 933-7620
E-mail: sales@machaon.net.
Наш адрес в Интернете: www.machaon.net
ГС № 77.99.60.953.Д.011615.10.07 от 03.10.2007

ОПТОВАЯ И МЕЛКООПТОВАЯ ТОРГОВЛЯ

В Москве:
Книжная ярмарка в СК «Олимпийский»
129090, Москва, Олимпийский проспект, д. 16,
станция метро «Проспект Мира»
Тел. (495) 937-7858

В Санкт-Петербурге «Аттикус-СПб»:
198096, Санкт-Петербург, Кронштадтская ул., д. 11, 4-й этаж, офис 19
Тел./факс (812) 783-5284. E-mail: machaon-spb@mail.ru

32 с., с ил.

Подписано в печать 22.08.2008. Формат 70×100 $^1/_{16}$.
Бумага мелованная. Усл. печ. л. 2,58.
Тираж 20 000 экз. Заказ №1435.

Отпечатано в ОАО «Фабрика офсетной печати №2»
141800, г. Дмитров, Московская обл., ул. Московская, 3